E-Mail-Marketing
Luigi Padovesi

E-Mail-Marketing

Luigi Padovesi

Konvertieren Sie Leads zu Kunden

© Luigi Padovesi, 2021

BN Publishing
ISBN 978-6-2793-1474-1

Inhaltsverzeichnis

Inhaltsverzeichnis 5
Eine große Chance 7
Was ist ein Newsletter? 11
Ziele setzen 15
Transaktions-E-Mails 17
Was ist das Online-Formular? 19
Der Autoresponder 21
Spam: Wie Sie sich selbst ruinieren 23
Vertrauen der Kunden 27
Aufruf zum Handeln 29
Unsere Stärken: SWOT-Analyse 31
Mehr Besuche 35
   Öffnungsrate 35
   Das richtige Ziel anvisieren 39
   Strategie kopieren 41
   Inaktive Kunden 43
   Die Werbekampagne 47
   Der Kaufprozess 51
Zu vermeidende Fehler im E-Mail-Marketing 53
Die Bedeutung der Statistik 57
Lead Magnet: Wie man Kunden anlockt 59

Neue Techniken 65
    Lead Nurturing 65
    Webinar: Nützliche Informationen an Ihren Fingerspitzen 69
    Der perfekte Auslöser 71
    Die Bedeutung von Feedback 73
Haftungsausschluss 76

Eine große Chance

Bevor wir über E-Mail-Marketing sprechen, müssen wir verstehen, warum es besser ist, sich auf dieses Instrument zu konzentrieren und nicht beispielsweise auf soziale Medien.
Die E-Mail oder "elektronische Post" wurde mit der Absicht geschaffen, eine Konversation zu erleichtern und gleichzeitig einen "intimen" Stil beizubehalten. Sie ist eine Nachahmung der Zeit, als Papierbriefe mit der Post ausgetauscht oder von Hand weitergegeben wurden. Sie vermittelt ein Gefühl des Vertrauens, der Sicherheit und der Zuversicht zwischen dem Absender und dem Empfänger.
Sie ist auch ein viel professionelleres Instrument als eine soziale Plattform, da ihr einziger Zweck darin besteht, zwei Menschen durch ein Online-"Brief"-System miteinander ins Gespräch zu bringen. Die E-Mail ist ein Instrument mit einem großen Potenzial, das wir noch nutzen können. Die Wahrscheinlichkeit, dass unsere E-Mail in der ersten Stunde nach Erhalt geöffnet wird, ist sehr hoch, während die Chancen, dass jemand sie öffnet und sich für unseren Vorschlag interessiert, mit der Zeit drastisch sinken.
E-Mail-Marketing bedeutet also, Kampagnen und Marketingstrategien zu entwickeln, bei denen die E-Mail - ohne Spam - als Hauptinstrument eingesetzt

wird. Mit diesem Instrument können wir verschiedene Methoden nutzen, um unseren Kunden eine klare und direkte Botschaft zu senden. Die häufigste Methode ist der Newsletter, auf den wir später noch eingehen werden. E-Mail-Marketing gilt als die beste Methode, um Kunden zu binden. Es hat im Vergleich zu anderen Techniken einen sehr hohen prozentualen Return on Investment (ROI), weil es ein einfaches, schnelles und direktes Instrument ist, um ein Angebot, einen Vorschlag, eine Neuheit, eine Preisliste usw. zu bewerben. Darüber hinaus können wir uns ein Bild davon machen, wie viele Personen an unserem Angebot interessiert sind, wenn wir sehen, wer die E-Mail geöffnet hat. Wir können unsere Strategie praktisch in Echtzeit überwachen.

So wie es beschrieben wird, scheint es ein Medium für alle zu sein, und das ist es auch!
Es gibt jedoch einige Fehler, die viele Menschen machen, was sich negativ auf den ROI auswirkt. Einer dieser häufigen Fehler ist E-Mail-Spam. Stellen Sie sich vor: Eine Person hat sich freiwillig registriert und ist an unserem Angebot interessiert, aber nach ein paar Tagen erhält sie 20 E-Mails von uns mit all den verschiedenen Angeboten ... Das ist sehr aufdringlich, und wir ersticken, was eigentlich unser Erfolg sein sollte. Es ist besser, auch nur eine

einzige E-Mail zu senden, die besser beschreibt, wer wir sind, was wir tun und was wir anbieten.

Was ist ein Newsletter?

Der Newsletter ist ein sehr weit verbreitetes Instrument im Marketingbereich. Sein Hauptziel ist es, unsere Kunden auf dem Laufenden zu halten. Wir können Kunden, die ausdrücklich darum gebeten haben, über unser Unternehmen auf dem Laufenden zu bleiben, unter anderem neue Angebote, Produkte und Werbeaktionen vorstellen. Auf diese Weise wird übermäßiger Spam mit aufdringlichen und nutzlosen Nachrichten vermieden. Der Newsletter kann nicht nur dazu genutzt werden, um Neuigkeiten zu präsentieren, sondern auch, um Informationen zu geben, z. B. Hilfestellung für ein Produkt. Daher ist es ein sehr vorteilhaftes Instrument für Unternehmen, die ihre Kunden über bestimmte Produkte oder Werbeaktionen auf dem Laufenden halten wollen, aber auch für Gewerbetreibende, die auf der Suche nach Werbung und neuen Kunden sind. Die Erstellung einer eigenen Newsletter-Kampagne erfordert keine hohen Investitionen, da es sich um ein kostengünstiges Instrument handelt, aber es erfordert ein Engagement für die Erstellung einer E-Mail, die Kunden anzieht. Um die Vorteile des Newsletters voll auszuschöpfen, ist es am besten, eine kurze Nachricht mit einfachen Worten zu schreiben, die in kurzer Zeit gelesen werden kann. Sie sollte für jede Art von Kunden leicht zu lesen sein und vor allem dazu einladen, sich mehr für unser Angebot zu interessieren, damit sie in Zukunft zu potenziellen Kunden werden können. Am Anfang dieser E-Mail müssen wir auf interessante Weise sagen, was wir vorschlagen. Wir müssen die Einzelheiten unserer Veranstaltung und die Produkte oder Angebote, die wir vorschlagen wollen, darlegen. Natürlich ist die Verwendung von Newslettern unerlässlich, aber das bedeutet nicht, dass wir alle anderen Mittel der E-Mail-Kommunikation unterschätzen sollten, die wir nutzen können, um uns dem Markt auf bestmögliche Weise zu präsentieren.

Haben Sie schon einmal darüber nachgedacht, wie viele Newsletter Sie jeden Tag erhalten? Ich gebe Ihnen ein kleines Beispiel von jemandem, der die Bedingungen akzeptiert hat, dass wir ihm E-Mails schicken, "ohne dass er es weiß". Sie sind auf der Suche nach einem kostenlosen Online-Ebook mit dem Hauptthema "Produktion". Sie stoßen auf eine Website, auf der man das Buch kostenlos herunterladen kann. Sie klicken auf die Download-Schaltfläche ... Aber die Datei wurde nicht heruntergeladen, weil sie sich nicht auf der Website registriert haben. Es erscheint also eine Pop-up-Schaltfläche zur Registrierung. Um sich zu registrieren und das Buch herunterzuladen, müssen sie eine E-Mail-Adresse und ein Passwort angeben, mit denen sie sich jedes Mal anmelden können. Sie haben ihre E-Mail-

Adresse angegeben, und im Laufe der Zeit werden sie mehrere E-Mails von der Website zum kostenlosen Herunterladen von Büchern erhalten. Die meisten unserer E-Mails kommen von den Websites oder anderen Quellen, bei denen wir uns registrieren, um ein Produkt zu erhalten.

Ziele setzen

Das erste, was man tun muss, bevor man eine wirtschaftliche Tätigkeit aufnimmt, ist, sich ein klares, festes Ziel zu setzen. Wir müssen wissen, was wir erreichen wollen, warum wir das tun und ob es sich wirklich lohnt, Zeit und Geld zu investieren, oder ob es nur Zeitverschwendung ist. Dann können wir all die Pläne umsetzen, die wir uns mit den verschiedenen verfügbaren Ressourcen und den verschiedenen Investitionen ausgedacht haben. Da E-Mail-Marketing ein sehr komplexes Instrument ist, sollten wir uns vor der Umsetzung unserer Pläne darüber im Klaren sein, wie wir dieses System nutzen wollen und was wir erreichen wollen. Wir haben zum Beispiel ein System eingeführt, um:

- Erhöhung der Zahl der Kunden, die täglich sehen, was wir anbieten wollen
- Fördern Sie Ihre Marke durch Werbeaktionen und Angebote
- Uns bei neuen Leuten bekannt machen
- Umsatz steigern

Wir müssen uns also Ziele setzen, wo wir ankommen wollen, aber mit den Füßen auf dem Boden bleiben und sinnlose Ziele vermeiden, die wir nie erreichen werden. Für Ziele, wie die oben genannten, sollten wir versuchen, einen Zeitrahmen festzulegen, in dem wir alle diese Ziele erreichen wollen. Auf diese Weise können wir die Struktur der Aktivität richtig organisieren, die Fortschritte auf dem Weg zu unserem Ziel überwachen und verstehen, warum wir tun, was wir tun.

Das Ziel einer Tätigkeit ist nicht immer gewinnorientiert, wie z. B. bei Vereinen, deren Zweck es sein kann, der Gemeinschaft zu helfen. In unserem Fall ist das Hauptziel jedoch, einen Gewinn zu erzielen, wir sind gewinnorientiert. Das heißt, wir verdienen Geld durch den Verkauf von Produkten oder Dienstleistungen. Allerdings sind wir nicht immer in der Lage, unsere Ziele zu erreichen. Das kann passieren, wenn die verschiedenen Kosten zu hoch sind und über den Einnahmen liegen. In diesem Fall kann man mit einem neuen, gut strukturierten Marketingplan von vorne beginnen und aus den Fehlern der Vergangenheit lernen.

Transaktions-E-Mails

Transaktions-E-Mails sind E-Mails, die uns über eine bestimmte Aktion informieren, die wir durchgeführt haben, oder darüber, was für die Zusammenstellung eines Sachverhalts noch fehlt. Im Vergleich zu kommerziellen E-Mails hat diese Art von E-Mails eine höhere Öffnungsrate, da sie nicht dazu dienen, etwas Neues zu bewerben, sondern einfach über eine Tatsache zu informieren, die der Kunde bereits ausgewählt hat. Transaktions-E-Mails sind zum Beispiel E-Mails, die uns benachrichtigen und bestätigen, wenn wir das Passwort unseres Kontos geändert haben, wenn wir uns korrekt auf einer Website registriert haben oder wenn wir eine Bestellung erfolgreich aufgegeben haben und diese abgeschickt wurde. Diese Art von E-Mails enthält nützliche Informationen für den Kunden und hat die Aufgabe, den Empfänger daran zu erinnern, dass er unser Kunde ist, und ihn über die verschiedenen Fakten und Werbeaktionen zu informieren, die wir anbieten. Wir können in diese Art von E-Mail eine kleine zeitlich begrenzte Werbeaktion einfügen, zum Beispiel: "Sie haben sich auf unserer Website registriert! Als Dankeschön haben wir für Sie einen Gutschein über 30 % Rabatt für Ihren nächsten Einkauf bei uns vorbereitet, der bis nächste Woche gültig ist", damit er nicht verloren geht.

Oder es handelt sich einfach um Bestätigungs-E-Mails, z. B. wenn wir uns für einen Online-Dienst anmelden und aufgefordert werden, die eingegebene E-Mail-Adresse zu bestätigen, indem wir auf den Link in der gesendeten E-Mail klicken. In den ersten paar Zeilen der E-Mail müssen wir den Inhalt der E-Mail beschreiben.

Was ist das Online-Formular?

Wenn sich ein Kunde auf unserer Website registriert, können wir bestimmte Informationen auswählen, die er uns zur Verfügung stellen muss, um unseren Service nutzen zu können. Wir können ihn nach seiner E-Mail-Adresse, seinem Vor- und Nachnamen, seinem Alter, seinem Wohnort und seinem Beruf fragen. Wir legen ihm dann ein Online-Formular vor, in das er alle seine persönlichen Daten eintragen kann. Diese Informationen können sehr nützlich sein, um den Kunden, den wir ansprechen, besser kennenzulernen und zu verstehen, welche Art von Angebot wir wann vorschlagen können, damit unser Vorschlag erfolgreich ist. Ein Beispiel: Maria ist 35 Jahre alt und arbeitet in einem Geschäft, in dem sie Friseurin ist. Um zu verstehen, welche Art von Angebot wir ihr machen können, müssen wir zuerst das Alter und den Beruf kennen, in diesem Fall 35 Jahre und Friseurin. Die Frage ist ... welche Art von Produkt könnten wir vorschlagen?
Wir könnten ein Produkt anbieten, das ihr bei der Arbeit oder in der Freizeit nützlich sein könnte, z. B. einen innovativen Haartrockner der neuesten Technologie zu einem nicht zu hohen Preis, vielleicht mit einer Werbeaktion. Wir haben sicherlich eine viel bessere Chance, Maria zum Kauf zu bewegen, wenn wir ihr etwas anbieten, das ihr bei der

Arbeit oder in der Freizeit tatsächlich nützlich sein kann, anstatt ihr einen nutzlosen Gegenstand zu präsentieren, der keinen Zweck erfüllen kann, zum Beispiel ein Produkt, das von einer anderen Person benutzt werden kann. Daher ist es wichtig, dem Kunden Fragen zu stellen, um zu verstehen, welche Art von Produkt für ihn von Interesse sein könnte und ihm tatsächlich nützt.

Der Autoresponder

Wenn wir von Autorespondern (automatische Antwort) sprechen, meinen wir alle Nachrichten (E-Mails), die als Antwort automatisch über eine externe Software verschickt werden. Diese Art von Nachrichten dient dazu, Fragen, Bedürfnisse und Bitten zu beantworten, die oft an uns herangetragen werden, und zu vermeiden, dass wir auf alle Fragen, die uns gestellt werden, handschriftlich das Gleiche antworten. Wir können eine Software einrichten, die automatisch eine Antwort-E-Mail mit der von uns gewählten Nachricht für jedes Bedürfnis und jedes Mal, wenn ein Kunde eine allgemeine Frage an uns stellt, sendet. Vielleicht haben wir an einem Tag 20 E-Mails mit praktisch gleichem Inhalt, die uns die gleiche Frage stellen. Warum sollten wir jede E-Mail einzeln beantworten und Zeit verschwenden, wenn wir einen Bot damit beauftragen können, so dass wir uns auf andere Probleme konzentrieren können und vor allem darauf, wie wir unser Geschäft fördern und neue Kunden finden können. Ein Beispiel für einen Autoresponder ist die Registrierung auf einer Website, bei der wir unsere E-Mail über den elektronischen Briefkasten bestätigen müssen, oder einfach die Begrüßungsnachricht, die an jeden einzelnen Nutzer geschickt wird, der sich für einen bestimmten Dienst registriert hat. Stellen Sie sich vor, Sie müssten jede einzelne Person, die sich bei unserem Dienst anmeldet, begrüßen und ihr Ihre Tätigkeit erklären - das wäre ein Chaos. Autoresponder-Nachrichten werden von uns ausgewählt und automatisch verwendet. Ein Beispiel könnte sein: "Willkommen bei unserem Beratungsdienst, wir hoffen, Ihnen in jedem Fall helfen zu können! Wenn Sie Hilfe benötigen, können Sie uns unter der unten angegebenen E-Mail-Adresse kontaktieren." oder "Die Anfrage zur Einrichtung eines Kontos auf unserer Website wurde gesendet ... Bestätigen Sie sofort Ihre E-Mail, indem Sie auf die Schaltfläche unten klicken". (usw.)

Diese Nachrichten können auch Umfragen oder Kundenfragen sein, damit sie jedes Mal gleich bleiben. Das Einzige, was Sie tun sollten, ist, jedes Mal den Namen des Empfängers zu ändern.

Spam: Wie Sie sich selbst ruinieren

Spam ist das wiederholte Versenden einer oder mehrerer Nachrichten, meist zu Werbezwecken, per E-Mail. Für die Kunden ist das sehr ärgerlich, weil es sehr aufdringlich ist. Fast jeden Tag erhalten wir mindestens zwei Spam-Nachrichten (Werbung), die den E-Mail-Posteingang verstopfen. Einige dieser E-Mails sind auch unsicher, denn viele haben das Ziel, an Informationen zu gelangen und persönliche Daten von Personen zu stehlen. Wenn wir von Spam sprechen, beziehen wir uns natürlich nicht nur auf Spam per E-Mail, sondern auch auf Spam in sozialen Netzwerken und anderen. Wir können also feststellen, dass das Hauptziel von Spam darin besteht, viele Nutzer zu erreichen und sie zum Kauf zu bewegen. Aber wie finden sie uns? Ganz einfach, wir sind diejenigen, die diesen Leuten die Türen öffnen. Und wann? Denken Sie nur daran, wie oft wir unsere E-Mail-Adresse auf verschiedenen Websites hinterlassen haben, um eine Dienstleistung in Anspruch zu nehmen, die nur nach einer Registrierung angeboten wird, oder wie oft wir unsere Telefonnummer hinterlassen haben, um ein Preisausschreiben zu gewinnen. Deshalb ist es wichtig, einen Blick in die Nutzungsbedingungen bestimmter Websites zu werfen. Wenn wir uns für die Nutzung eines Dienstes anmelden, heißt es dort: "Die angegebene E-Mail-Adresse kann an einen Dritten übertragen werden". Es ist klar, woher all diese E-Mails oder Werbeanrufe kommen.

Eine Möglichkeit, diese Werbung zu vermeiden, ist eine temporäre E-Mail, die wir den Websites zur Verfügung stellen können, so dass die Werbung nicht an unsere E-Mail adressiert ist, sondern an eine andere E-Mail, die sich nach einer bestimmten Zeit selbst vernichtet, die wir verwenden. Dieser Service kann leicht auf bestimmten Websites gefunden werden, die diesen Vorteil anbieten. Eine weitere nützliche Funktion, die direkt vom Gmail-Team bearbeitet wird, ist der Anti-Spam-Filter, der automatisch alle lästigen Werbe-E-Mails, die wir nicht als Empfänger ausgewählt haben, deaktiviert und beseitigt. Spam zielt darauf ab, eine Nachricht an viele unbekannte Personen zu senden, die sicherlich nicht im Geringsten an der Dienstleistung oder dem Produkt interessiert sind. In Kapitel 2 werden wir besser verstehen, warum es wichtig ist, ein geeignetes Ziel anzustreben und warum es zu vermeiden ist, die eigene Werbebotschaft an eine größere Anzahl von Personen zu senden. Zusammenfassend lässt sich sagen, dass es am besten ist, unnötiges Spamming an zufällige und völlig unbekannte Personen zu vermeiden, um seinen Online-Ruf nicht zu ruinieren und nicht wie eine Person zu wirken, die

Geld braucht und nicht weiß, wo und wie sie für ihre Dienstleistungen oder Produkte werben soll.

Vertrauen der Kunden

Haben Sie sich jemals gefragt, ob Sie Ihre Kunden wirklich kennen? Haben Sie sich jemals gefragt, ob Sie mit den richtigen Leuten sprechen? Ob Ihre Besucher wirklich an Ihrem Produkt oder Ihrer Dienstleistung interessiert sind? Vor einiger Zeit war es sehr üblich, eine große Anzahl unbekannter E-Mails ohne genauen Ursprung zu nehmen und ihnen allen eine Werbebotschaft zu schicken: praktisch eine sinnlose Auswahl und nutzloser Spam. (Es wäre besser, nicht mehr als 2 Werbe-E-Mails pro Woche zu versenden). Während wir früher unsere Kunden durch Spam, Werbung und Mundpropaganda gefunden haben, ist dies heute nicht mehr der Fall. Vielmehr ist es der Verbraucher, der auswählt, mit wem er Kontakt aufnimmt und wen er für seine Bedürfnisse kauft. Die vom Verkäufer herausgegebene Werbung dient nur dazu, eine Idee zu vermitteln, ein Produkt zu fördern, das die Nützlichkeit und die Vorteile auflistet und vor allem dazu, der Öffentlichkeit zu zeigen, dass wir besser sind als die Konkurrenz.

Aber das kann die Situation des Kunden nur mental beeinflussen, denn er ist es, der entscheidet, wen er wählt, und durch die Werbung bekommt er eine bessere Vorstellung davon, was wir anbieten. Unser Erfolg hängt also vor allem davon ab, wie wir auf die Kunden zugehen, von dem Ruf, den wir uns im

Laufe der Zeit erworben haben, und von den Rückmeldungen der verschiedenen Käufer. Die Kunden profitieren also selbst von der vertrauensvollen Beziehung, die sie zu uns haben. Um einen guten Ruf bei den Kunden aufzubauen, müssen wir immer aufrichtig und verfügbar sein, z. B. klar und aufrichtig über alle Kaufpreise, die vor einem Kauf vorhanden sind.

Aufruf zum Handeln

Die "Handlungsaufrufe" («Call to Action», «CTO») sind die Aktionsaufrufe, d. h. alle Schaltflächen und Links, die den Zweck haben, den potenziellen Kunden zu einer Aktion aufzufordern und dann eine Reihe von Handlungen auszuführen, die wir wollen. Zum Beispiel die Schaltflächen, auf denen steht: "Weiter lesen", "Kontakt" oder "Jetzt kaufen".
Jetzt werde ich eine Reihe von Tipps auflisten, wie Sie Ihre Aufforderung zum Handeln am besten einrichten und entsprechend mehr Leute anziehen.

Wählen Sie einen angemessenen Kontrast zwischen den Farben, der sich vom Rest der Website oder einem anderen Übertragungsmittel unterscheidet. Es ist sehr wichtig, Farben zu wählen, die das Auge nicht stören und die angenehm anzusehen sind. Vermeiden Sie insbesondere, dass zwei helle Farben nahe beieinander liegen, da dies die Lesbarkeit verringert und das visuelle Unbehagen erhöht.
Probieren Sie verschiedene Arten von Handlungsaufforderungen aus, um herauszufinden, welche bei den Kunden gut ankommen, denn wenn es Ihnen gefällt, heißt das noch lange nicht, dass es den Besuchern auch gefallen wird.
• Erstellen Sie einen einfachen, direkten und leicht zu identifizierenden Aufruf zum Handeln, der die

Aufmerksamkeit auf angenehme Art und Weise auf sich zieht
● Verwenden Sie eine klare und angenehme Schriftart
Machen Sie Ihren Aufruf zum Handeln zu einer unwiederholbaren Gelegenheit, einem zeitlich begrenzten Angebot, das den potenziellen Kunden zum Klicken einlädt.
● Schreiben Sie die Vorteile einer Registrierung für die Werbekampagne auf, wie z. B.: 'Registrieren Sie sich jetzt und erhalten Sie einen kostenlosen 1-monatigen Test. '

Es ist wichtig, ein Design zu wählen, das den Aufruf zum Handeln und die Website oder Plattform im Allgemeinen vereint. Ein Beispiel: Die vorherrschende Farbe Ihrer Software ist grün, und die Plattform ist weiß. Ihre Schaltfläche könnte grün sein und in der Mitte ein weißes Zeichen tragen, um zur Plattform zu passen.

Unsere Stärken: SWOT-Analyse

Nicht immer gelingt es allen, ihre Ziele zu erreichen, da die Marketingstrategien nicht immer für ihr Unternehmen geeignet sind. Aus diesem Grund können wir, selbst wenn wir ein großes Potenzial und Talent haben, dieses nicht nutzen, weil wir nicht die Mittel oder Kunden haben, um unsere Ziele zu erreichen. Um zu verstehen, warum das so ist, müssen wir eine Selbstanalyse durchführen, das heißt, wir müssen uns mit den Augen der Besucher und Kunden betrachten. Es scheint uns, dass alles in Ordnung ist, dass unsere Produkte oder Dienstleistungen für den Kunden tatsächlich nützlich sind, oder dass die Art und Weise und die Mittel, mit denen wir den Kunden ansprechen, perfekt sind. In Wirklichkeit ist das aber nicht der Fall, was uns durch die Zahl der monatlich registrierten Verkäufe und Einnahmen bestätigt wird.

Die SWOT-Analyse bestimmt die Fähigkeiten, Stärken und Schwächen unserer wirtschaftlichen Tätigkeit und wir haben Konkurrenz und damit auch die Stärken derer um uns herum. Die Stärken einer Tätigkeit oder eines kleinen Unternehmens sind besondere Merkmale, die sich positiv von der Konkurrenz abheben; sie sind also Vorteile, die wir gegenüber der Konkurrenz nutzen können. Sie können zum Beispiel sein:

- Bestimmte Fähigkeiten oder Talente, die wir besitzen, um ein Produkt oder eine Dienstleistung besser als andere herzustellen
- Ein guter Ruf auf der Ebene des Produkts oder der Marke

Wenn wir besondere Kooperationen eingegangen sind oder zum Beispiel im Ausland gearbeitet haben, kann ich sagen: "Ich habe im Ausland gearbeitet", was ein großes Ziel ist und vor allem den Ruf verbessert. Das bedeutet, dass wir großen Erfolg haben und mit Unternehmen oder Personen in Kontakt gekommen sind, die uns in anderen Ländern brauchen, und es bedeutet, dass wir gute Kenntnisse der Sprache und des Sektors haben, da wir mit Menschen arbeiten und in Beziehung stehen, die die Sprache, die wir hauptsächlich sprechen, nicht kennen.

Wenn wir einmal verstanden haben, wie wir unsere Stärken finden können und wissen, welche das sind, dann haben wir auch eine Tätigkeit gefunden, die uns besser gelingt als die anderen, die wir effektiv ausüben können. Wir können diesen Faktor nutzen, um uns weiter anderen Aktivitäten zu widmen, die in der Zukunft nützlich sein könnten, oder sogar um eine zusätzliche Kompetenz zu haben, die wir der Öffentlichkeit präsentieren können.

Die Schwächen, an denen wir arbeiten müssen, um sie alle zu beheben, sind die Faktoren, die uns nicht nützen, die in den Augen der Kunden schlampig und nicht sehr effektiv erscheinen. Es ist sehr wichtig, unsere Schwächen zu erkennen, denn sie könnten zu einem Vorteil für die Konkurrenz werden. Ein Beispiel: Ein Kunde muss sich vor dem Kauf mit uns in Verbindung setzen, um Informationen zu erhalten, aber unser Chat- und Konversationssystem zur Kontaktaufnahme mit dem Kunden ist schlecht und nicht effektiv. Der Kunde beschließt dann, uns zu verlassen und sich an die Konkurrenz zu wenden, die diese Schwäche von uns bemerkt und sie in vollem Umfang ausgenutzt hat, indem sie eine bessere Methode der Konversation geschaffen hat, wie z. B. einen Live-Chat zwischen dem Kundendienst und dem Kunden.

Diese Situation kann aber auch als großer Vorteil genutzt werden! Wir können nämlich die Methode, die wir Ihnen gerade gezeigt haben, zu unseren Gunsten nutzen. Ein Beispiel: Einer unserer Konkurrenten bietet einen Online-Dienst an, der sehr kompliziert zu bedienen ist.

Dort! können wir an der Einfachheit der Dienstleistung arbeiten, um sicherzustellen, dass ein Kunde uns auch für diesen einfachen Faktor bevorzugt. Die SWOT-Analyse dient also dazu, die Stärken und Schwächen einer Wirtschaftseinheit zu ermitteln.

Mehr Besuche

Öffnungsrate

Bevor wir verstehen, wie wir die Besuchsrate erhöhen können, müssen wir erst einmal verstehen, was die Öffnungsrate oder Öffnungsrate ist. Wenn wir von Öffnungsraten sprechen, meinen wir den Prozentsatz der Personen, die Ihre Werbebotschaft durch bestimmte E-Mails, die an bestimmte Personen gerichtet sind, angeklickt und geöffnet haben. Es handelt sich also um das Verhältnis zwischen den versendeten E-Mails und denen, die tatsächlich geöffnet und somit gelesen wurden. Es ist absolut kein Problem, die Öffnungsrate zu überwachen, denn wenn Sie eine an ein bestimmtes Publikum gerichtete E-Mail senden, erhalten Sie einen Zustellungscode, der anzeigt, ob unsere E-Mail geöffnet oder einfach ignoriert wurde; und selbst wenn diese E-Mail beispielsweise fünfmal geöffnet wurde, wird die Zählung nicht fortgesetzt und nur eine einzige Öffnung registriert. Natürlich werden wir nie eine Öffnungsrate von 100 % erreichen (das würde bedeuten, dass, wenn wir 60 Personen jeweils eine E-Mail geschickt haben, alle 60 sie geöffnet haben, unter Berücksichtigung des Inhalts), das ist praktisch unmöglich, selbst ein Prozentsatz von 60 % Öffnungsrate ist keineswegs eine Selbstverständlichkeit, denken Sie nur daran, dass, wenn wir unsere E-Mail an 60 Personen geschickt haben, 36 von ihnen sie unter Berücksichtigung des Inhalts geöffnet haben; Wenn wir ein wenig darüber nachdenken, ist das keine Zahl, die man unterschätzen sollte, auch wenn wir immer versuchen, höhere Werte anzustreben als die, die in den letzten Statistiken angegeben sind (denken Sie nur daran, dass große Unternehmen normalerweise eine Öffnungsrate von 30/40 % haben).

Es liegt auf der Hand, dass je höher der Prozentsatz der Öffnungsrate ist, desto größer die Anzahl der Personen ist, die sich für unser Angebot interessieren, und folglich haben wir mehr Chancen, mögliche wirklich interessierte Kunden zu finden, die ein positives Feedback auf unsere Tätigkeit und vor allem auf unsere Einnahmen geben.

Gute Ergebnisse und damit eine hohe Öffnungsrate zu erzielen, ist nicht so einfach und vorhersehbar, wie es scheint, denn der Schlüssel zu einer effektiven Methode liegt darin, ständig mit neuen Nachrichten, neuen Angeboten und neuen Vorschlägen zu experimentieren, bis wir eine finden, die uns viele Menschen bringt, die unsere Nachricht öffnen, und folglich eine große Anzahl von Menschen, die potenziell an unserer Dienstleistung interessiert sind. Eine sehr wichtige Sache, die Sie immer tun sollten, wenn Sie eine E-Mail senden wollen, ist, sich zuerst darüber klar zu werden, an wen wir uns wenden wollen (wie wir Ihnen später noch genauer erklären werden, ist es sinnlos, z.B. einem völlig desinteressierten Publikum Taschen vorzuschlagen), und als zweiten Schritt den Namen des Empfängers in jeder Nachricht zu erwähnen, auch wenn es sich um ein Unternehmen oder eine natürliche Person handelt. Die Nennung des Namens der Person, an die wir uns wenden, gibt dem Kunden das Gefühl, dass er wichtig ist und dass wir uns die Zeit genommen haben, eine E-Mail speziell an ihn zu schreiben; auf diese Weise vermeiden wir, dass unsere Nachricht wie der übliche Spam mit Angeboten, Werbeaktionen oder anderen aufdringlichen Dingen aussieht, sondern es muss eine gut strukturierte Nachricht sein, die sich bewusst an die richtige Person richtet. Ein weiterer entscheidender Faktor ist das, was wir an den Anfang der Nachricht setzen, das, was der Empfänger als erstes als Benachrichtigung sieht, was ihn entscheiden lässt, ob er einfach auf "E-Mail löschen" klickt oder auf unsere Kampagne eingeht. Es ist praktisch ein Schlüsselfaktor, um einen potenziellen Kunden zu "erobern". Um dies zu erreichen, müssen wir versuchen, eine einfache, innovative und direkte Nachricht in wenigen Zeilen Text vorzuschlagen; denken Sie nur an die übliche jammernde Nachricht, die wir niemals öffnen werden, wie z.B.: "Bei uns gibt es 20 % Rabatt auf alles im ersten Monat", wir müssen versuchen, ein Konzept auf eine "lustige" Art und

Weise auszudrücken, um die Leute anzuziehen und zu verlocken, besser zu verstehen, worüber wir sprechen, wir müssen versuchen, nicht nur ein gutes Angebot, sondern auch ein anderes Konzept als gewöhnlich vorzuschlagen. Schließlich ist es wichtig, ein gutes Timing zu wählen, um zu verstehen, was der richtige Moment ist, um eine bestimmte Nachricht an unseren Empfänger zu senden, viele sagen, dass der günstigste Moment, um die Szene zu betreten, in der Mitte des Tages, in der Mitte der Woche ist. Aber eine Nachricht um 23.00 Uhr oder um 6.00 Uhr morgens zu senden, ist nicht wirklich ein strategischer Schachzug.

Das richtige Ziel anvisieren

Wir haben an alles gedacht, um ein erfolgreiches Unternehmen zu gründen, wir haben eine einfache, schnelle und effektive Website erstellt, eine gute Methode, um uns mitzuteilen, eine effektive Methode, um Hilfe zu leisten und einen guten Service. Das Problem ist jedoch, dass die Kunden weiterhin abwandern, ohne auch nur einen Cent auszugeben, auch wenn sie sich für unser Angebot und für das, was wir anbieten, interessieren. Wo liegt das Problem, weil wir alles perfekt gemacht haben? Ganz einfach, wir haben die Zielkunden völlig verfehlt, um für uns zu werben. Target heißt Ziel, das heißt von bestimmten Personen, auf die wir abzielen sollten, dass wir die Gewissheit haben, dass sie tatsächlich an unserer Dienstleistung oder unserem Produkt interessiert sind; wir haben also eine große Chance, dass diese Besucher in echte Kunden verwandelt werden können. Wenn wir von Zielgruppen sprechen, beziehen wir uns stattdessen auf eine Gruppe von mehreren Personen mit den gleichen Interessen, die einen ähnlichen Lebensstil oder ähnliche Bedürfnisse haben; wir sollten immer auf eine Zielgruppe abzielen und unsere Werbung oder unsere Werbebotschaft vorschlagen und fördern, in der alle Vorteile aufgeführt sind, wer wir sind und was wir tun. Um zu verstehen, wer unser Ziel oder unsere Zielgruppe ist, müssen wir den Besucher oder Kunden kennen, auf den wir uns beziehen, um zu verstehen, was seine Bedürfnisse und Vorlieben sind.

Alles, was wir auf unserer öffentlichen Website oder in einem anderen Instrument, das als Schnittstelle zwischen uns und dem Verbraucher dient, schreiben, muss daher speziell für den Kunden verfasst werden. Die Kriterien, um die eigene Zielgruppe zu definieren, sind: Geschlecht, Alter, Bildungsabschluss, Beruf. Das ist wichtig, um zu verstehen, was wir vorschlagen sollen: Denken Sie nur daran, wie sinnlos es wäre, einem Mann ein Angebot für ein Frauenkosmetikgeschäft zu unterbreiten. Wir müssen auch verstehen, wo wir unsere Werbekampagne durchführen können. Wie bei der Zielgruppe muss auch diese auf bestimmten Websites angezeigt werden, und zwar nicht zufällig; um auf das obige Beispiel zurückzukommen, wäre es für ein Kosmetikgeschäft sicher besser, es auf einer Website zu bewerben, die sich an Frauen richtet. Denken Sie nur daran, wie sinnlos es wäre, für ein Kosmetikgeschäft auf einer Website zu werben, die sich an ein Fitnessstudio richtet. Die erfolgreichsten Werbungen sind die, die direkt vom Browser gemacht werden, die leicht zu finden sind, ohne dass man sie auf bestimmten Websites suchen muss.

Strategie kopieren

Die Werbestrategie ist praktisch ein Dokument, das alle Schlüsselstrategien einer Werbekampagne beschreibt. Es hat die Aufgabe, alle Informationen zu liefern, die für eine Aktivität nützlich sind, um den Weg zum Erfolg zu beschreiben, in diesem Dokument werden sie hauptsächlich beschrieben:

- Die Vorteile des Kaufs unseres Produkts. Warum sollte sich ein Kunde für unsere Dienstleistung oder unser Produkt entscheiden? Wodurch unterscheiden wir uns von anderen? Welche Vorteile bieten wir? (Zum Beispiel: Widerstandsfähigkeit, Leichtigkeit und Einfachheit)
- Wenn wir alle Versprechen einhalten, die wir unseren Kunden gegeben haben. Ein Beispiel: Ein Verbraucher hat unser Produkt gekauft und war von dessen Qualität enttäuscht, weil es nicht so ist, wie wir es vor dem Kauf beschrieben haben.
- Wie wir unser Produkt und unsere Dienstleistung der Öffentlichkeit präsentieren. Die Präsentation eines Produkts ist für eine erfolgreiche Kampagne unerlässlich, und dazu müssen wir vor allem die Konversation nutzen. Wenn wir von Konversation sprechen, wollen wir nicht den Eindruck erwecken, dass es gut aussieht, oder die Gedanken des Kunden manipulieren, sondern wir versuchen einfach, unser Produkt bestmöglich zu präsentieren, indem wir alle

Stärken, die es hat, nennen. Praktisch wie eine Geschenkverpackung. Je schöner das Äußere ist, desto hochwertiger ist der Inhalt und desto größer die Zufriedenheit des Besitzers.

• Verfügbarkeit. Sind wir immer verfügbar, um Produkte zu versenden und zu verkaufen oder eine bestimmte Dienstleistung anzubieten? Sind wir immer verfügbar, um den Kunden zu helfen?

• Markenvertrauen. Welchen Ruf haben wir uns im Laufe der Zeit erworben? Sind wir eine wertvolle Marke oder eine Marke von schlechter Qualität?

Dies sind einige der grundlegenden Kriterien, an die wir denken müssen, bevor wir ein Unternehmen gründen.

Inaktive Kunden

Inaktive Kunden sind all jene Kunden, die ein oder mehrere Male bei uns gekauft haben, aber seit mehreren Wochen oder Monaten keine Käufe mehr getätigt haben. Inaktiv registrierte Nutzer, die sich für unsere Kampagne angemeldet haben, sind praktisch nutzlos und stellen einen Zeitaufwand dar. Wenn sich ein Kunde anmeldet, wissen wir praktisch alles über ihn, seine Arbeit, seine Hobbys und seine Bedürfnisse, wenn wir ihn offensichtlich einer früheren Umfrage unterzogen haben. Bevor wir verstehen, wie wir einen Kunden reaktivieren können, müssen wir uns darüber im Klaren sein, warum er von aktiv zu inaktiv gewechselt hat; wir müssen unsere Fehler verstehen und wissen, wo wir uns in Zukunft verbessern können. Die wichtigsten Faktoren sind:

- Der Kunde ist nicht mehr an unserem Angebot interessiert, obwohl wir unsere Thesen am besten dargelegt und eine klare und direkte Botschaft erhalten haben.
- Der Kunde erhält unsere Nachrichten nicht, da er sein E-Mail-Postfach nie benutzt.
- Der Kunde ist von unserem Vorschlag nicht überzeugt. Das passiert, wenn wir nicht gut mit der Öffentlichkeit umgegangen sind und wir unsere Botschaft nicht vermittelt haben.

- Der Kunde ist zufrieden. Das ist der Fall, wenn der Kunde unsere Dienstleistung nicht mehr benötigt, weil er sie nur in einem bestimmten Zeitraum in der Vergangenheit gebraucht hat, aber jetzt braucht er nichts mehr von uns, weil wir seinen Bedarf gedeckt haben. Als er zu uns kam, brauchte er etwas, das wir erfolgreich geliefert und den Fall gelöst haben.

Um die Personen zu identifizieren, die nicht mehr aktiv sind oder die einfach aufgehört haben, sich für uns zu interessieren, müssen wir überprüfen, wer von den vielen Newslettern, die wir verschickt haben, diese weggeworfen oder nie geöffnet hat. Nun könnten wir die Nutzer, die sich nicht mehr für uns interessieren, wieder aktiv machen. Wir müssen davon ausgehen, dass ein Nutzer, der sich in der Vergangenheit bereits registriert hat, uns bereits sein Vertrauen geschenkt hat, und dass es daher einfacher ist, einen inaktiven Kunden zurückzubringen, als einen neuen Kunden zu erobern. Aber wenn unser alter Kunde nicht reagiert hat, obwohl wir ihn mit mehr als 5 Newslettern bedrängt haben, bedeutet das, dass es an der Zeit ist, die Zielgruppen zu ändern und die Vergangenheit zu ignorieren.
Die wichtigsten Punkte, die man verstehen muss, um Kunden zu reaktivieren, sind:

- Ermitteln Sie, welche Kunden inaktiv geworden sind, und verstehen Sie, warum dies geschehen ist.
- Versuchen Sie, die Aufmerksamkeit der Kunden zu erregen.
- Machen Sie einen Vorschlag, der so revolutionär ist, dass er die Kunden sofort zurückbringt.
- Warten und loslassen.

Dies sind nur einige der vielen Dinge, die Sie tun sollten, um einen inaktiven Nutzer zurückzugewinnen. Wenn Sie jedoch zu viele E-Mails an Personen senden, die sich entschlossen haben, Sie zu ignorieren, ruinieren Sie nur Ihren Ruf; Sie sollten sich stattdessen überlegen, wie Sie neue Kunden gewinnen können. Die Quote der inaktiven Nutzer bestimmt auch, ob eine Werbekampagne effektiv ist oder nicht. Je niedriger der Prozentsatz der inaktiven Nutzer ist, desto größer ist unser Erfolg, da die meisten unserer Kunden unsere Botschaft eindeutig erhalten haben.

Die Werbekampagne

Die Werbekampagne ist das Mittel, mit dem jede wirtschaftliche Aktivität der Öffentlichkeit präsentiert wird, um das Produkt oder die Dienstleistung, die sie verkaufen will, zu zeigen und ihre Qualität, ihren Preis und ihre Effizienz zu beschreiben. Die Werbekampagne ist von grundlegender Bedeutung, wenn wir über Marketing sprechen, da sie praktisch als die Hülle einer Sache betrachtet wird, wie die Verpackung eines Geschenks; je schöner sie nach außen hin präsentiert wird, desto größer ist die Chance, dass jemand sie kauft. Bevor wir eine eigene Werbekampagne erstellen, müssen wir die uns zur Verfügung stehenden Mittel berücksichtigen und entscheiden, auf wen wir uns konzentrieren wollen und was die Ziele unserer Werbekampagne sind. Um eine wirksame Botschaft zu präsentieren, die den Kunden positiv beeinflusst, müssen wir:

- Bringen Sie die Vorteile zum Ausdruck, die der Kauf des Produkts mit sich bringen wird.
- Beschreiben Sie seine Nützlichkeit.
- Der Preis tritt als zweitrangiger Faktor in den Hintergrund.

Es kann sich um eine einzige Werbekampagne handeln, die sich im Laufe der Zeit wiederholt, oder um mehrere Werbekampagnen, die sich zwar voneinander unterscheiden, aber die gleichen Grundlagen und die gleichen Absichten haben. Sobald eine gute Werbekampagne erstellt wurde, müssen wir verstehen, ob sie tatsächlich nützlich ist oder nicht; um dies zu tun, müssen wir sehen, wie viele Klicks wir täglich verzeichnen.

Heutzutage ist es jedoch ziemlich kompliziert, eine erfolgreiche Werbung zu machen, da der Kunde sie alle als etwas Ermüdendes und Wiederholendes empfindet. Kreativität und Vorstellungskraft sind daher grundlegende Faktoren für die Erstellung einer wirksamen Werbekampagne, denn hinter jeder Kampagne steckt eine komplexe Geschichte. Deshalb müssen wir unsere Ideen so gut wie möglich finden und interpretieren, damit sie von allen Verbrauchern am besten verstanden werden.

Wir müssen uns für verschiedene Faktoren entscheiden, zum Beispiel für die Sprache. Wir können wählen, ob wir eine seriöse und sehr professionelle Werbung machen wollen oder ob wir ein wenig mit den verschiedenen Themen spielen wollen, um eine vertrauensvollere und familiäre Bindung zu den Kunden aufzubauen. Auch die Bildsprache ist wichtig: Die Entscheidung für eine bestimmte Situation und nicht für eine andere, je nach dem Kontext, den wir vorschlagen wollen, ist entscheidend für eine erfolgreiche Kampagne. Natürlich müssen Grafik, Design und Werbung im Allgemeinen relevant sein und vor allem mit dem übereinstimmen, was wir wirklich auf dem Markt anbieten wollen oder mit der Dienstleistung, die wir anbieten.

Der Kaufprozess

Der Kaufprozess ist praktisch der Prozess, den der Verbraucher durchläuft, bevor er ein bestimmtes Produkt oder eine Dienstleistung kauft. In diesem Prozess werden alle Strategien aufgeführt, die den Verbraucher zum Kauf bewegen sollen. Dieser Prozess ist in mehrere Teile unterteilt, darunter:

- Kundenbedürfnisse. In dieser Phase müssen wir die Bedürfnisse des Kunden interpretieren, um zu verstehen, welche Art von Dienstleistung oder Produkt wir anbieten können. Wir müssen also nach dem Problem suchen, das der Verbraucher mit unserer Hilfe zu lösen beabsichtigt. Zum Beispiel braucht unser Kunde ein neues Auto, also können wir ein neues Auto zu einem günstigen Preis anbieten.
- Das Angebot zum richtigen Zeitpunkt. Nachdem der Verbraucher einen Bedarf gefunden hat, sucht er nach einem Schnäppchen zu einem niedrigen Preis und mit sofortiger Verfügbarkeit. Und hier kommen wir ins Spiel, denn wir müssen durch eine Anzeige ein unübersehbares Angebot unterbreiten. Wir müssen uns jedoch an die wirtschaftliche Situation jedes einzelnen Kunden anpassen, da der Kunde vor dem Kauf immer alle Angebote prüft, die ihm vorgeschlagen wurden, und sich dann für das günstigste entscheidet, das seinen Bedürfnissen

am besten entspricht und bei dem er weniger ausgeben muss. .

• Kundenentscheidung. Dies ist der vorletzte Schritt, d. h. der Schritt, bei dem der Kunde entscheidet, was und bei wem er kaufen möchte.
• Der letzte Schritt im Kaufprozess ist die Bewertung. Nachdem der Kunde den Kauf getätigt hat, wird er sich entscheiden, eine Bewertung (Feedback) zu schreiben, basierend darauf, wie zufrieden er ist, ob wir sein Problem so gut wie möglich interpretiert und behandelt haben, oder ob er enttäuscht war, weil wir unsere Versprechen nicht gehalten haben. Dies führt jedoch zu einem enormen Rückgang des Reinigungsniveaus.

Mit anderen Worten, die Phasen sind: Bedarf, Wissen, Bewertung, Kauf, Überprüfung.

Zu vermeidende Fehler im E-Mail-Marketing

Wenn wir E-Mails nutzen, um zu befriedigen, für eine Werbung zu werben oder mit einem Kunden zu sprechen, machen wir oft mehrere Fehler, die uns auf den falschen Weg führen können. Die häufigsten Fehler, die von denjenigen gemacht werden, die den Weg des E-Mail-Marketings einschlagen wollen, sind
- Senden Sie zu viele E-Mails am selben Tag an dieselben Verbraucher. Dieses Konzept gilt sowohl für den Fall, dass wir in einer Woche mehrere E-Mails versenden wollen, als auch für den Fall, dass wir jeden Tag einen Newsletter an unsere Kunden senden. All dies wird für denjenigen, der unsere E-Mails erhält, sehr lästig, so dass er sich ärgert und alle E-Mails, die wir ihm schicken wollen, blockiert.
- Das gleiche Konzept mehrmals vorschlagen. Dies geschieht, wenn wir eine E-Mail an einen Kunden geschickt haben und diese erfolgreich war, in der wir unsere Ideen oder unser Produkt vorschlagen und beschreiben. Nachdem wir festgestellt haben, dass unsere E-Mail erfolgreich war, beschließen wir, dieselbe E-Mail noch einmal oder mit geänderten Begriffen an denselben Kunden zu senden. Das ist ein Fehler, den man

vermeiden sollte, um den Kunden nicht zu ermüden und ihn zum Weglaufen zu bewegen.
- Schreiben, um nicht inaktiv zu erscheinen. Das passiert, wenn wir nach dem Versenden einer erfolgreichen Nachricht nicht mehr wissen, welche Art von Konzept wir vorschlagen oder welche Nachricht wir senden sollen. Daher beschließen wir, oberflächliche Dinge und Konzepte zu senden, die nutzlos sind. Diese nutzlosen Nachrichten werden von den Empfängern sofort zurückgewiesen, ohne sie überhaupt gelesen zu haben.
- Verbessern Sie den Inhalt einer E-Mail. Wenn wir eine E-Mail für eine Zielgruppe schreiben, müssen wir wissen, an wen wir uns wenden, um zu verstehen, welche Art von Worten wir verwenden und wie wir die E-Mail für jede Person strukturieren müssen. Im letzten Moment zu improvisieren ist absolut falsch, denn um eine E-Mail zu schreiben, müssen wir zuerst Punkte festlegen, die wir in der E-Mail schreiben wollen, wie z. B.: "ein Produkt bewerben oder Informationen über unsere Tätigkeit geben".
- Sie haben es eilig, eine Nachricht zu senden. Wie bereits erwähnt, wäre es ratsam, eine Liste zu schreiben, um dem Kunden am besten eine Nachricht zukommen lassen zu können. Wir haben es nicht eilig, dem Kunden eine Nachricht zu schicken, da wir weder eine Frist haben, noch

das Risiko eingehen, den Kunden zu verlieren, wenn wir mindestens 7 Tage lang keine E-Mail senden. Kurz gesagt, nehmen Sie sich Zeit, um eine Nachricht zu verfassen, die funktioniert und an der richtigen Stelle und auf die richtige Weise ankommt. Um dies zu tun, können wir auch Bilder beigefügt, obwohl es besser wäre, Ihre Nachricht mehr wörtlich als durch ein Foto zu setzen. Der Text muss nützlich und einfach sein und alles auf die beste Weise erklären. Es muss ein nicht-formaler Textstil verwendet werden, d.h. wir vermeiden die Verwendung der dritten Person als Form der Höflichkeit. Die Bilder müssen fesselnd und einfach sein. Vermeiden Sie es, zu viele Konzepte auf kleinem Raum unterzubringen oder nur Text einzufügen, da ihn niemand lesen wird.

Die Bedeutung der Statistik

Statistiken sind Daten, die über einen bestimmten Zeitraum und Weg gesammelt werden. Statistiken haben die Aufgabe, einer Person die verschiedenen Ereignisse, die während eines bestimmten Zeitraums eingetreten sind, verständlich zu machen, z. B.: Erträge, Einnahmen, erreichte Ziele, Stärken und Schwächen. Eine detaillierte Analyse zur Erstellung einer Liste aller statistischen Daten Ihrer Tätigkeit wird in der Regel jedes Wochenende, am Ende des Monats oder jedes Jahres durchgeführt. Die Statistiken dienen also dazu, die allgemeine Situation und die Ergebnisse eines bestimmten Zeitraums zu ermitteln und zu ermitteln, wie diese Zahlen in Zukunft verbessert werden können. Ein Beispiel: In diesem Monat haben wir 200.000 € für verschiedene Gesamtausgaben ausgegeben und 30 Verkäufe zu je 60,00 € getätigt, mit Gesamteinnahmen in Höhe von 1800,00 €. Die Differenz zwischen den Einnahmen und den Gesamtausgaben ergibt also einen Gewinn von 1600,00 €.

Im nächsten Monat wollen wir einen höheren Umsatz als im Vormonat erzielen, um die Summe der Einnahmen zu erhöhen. Um dies zu erreichen, müssen wir entweder den Verkauf eines Produkts erhöhen oder den Preis dafür anheben. Die Analyse jeder wirtschaftlichen Aktivität wird durch Diagramme oder Tabellen ausgedrückt, in denen alle

Daten und Phänomene, die während eines bestimmten Zeitraums aufgetreten sind, eingefügt und beschrieben werden. Diese Analyse ist von grundlegender Bedeutung, um neue Ziele festzulegen und die Fehler zu verstehen, die wir gemacht haben. Sich Zeit zu nehmen und eine detaillierte Analyse der Statistiken vorzunehmen, bedeutet nicht nur zu verstehen, wie die Dinge laufen und ob wir unsere Ziele erreichen, sondern auch eine Selbsteinschätzung vorzunehmen. Zu diesem Zweck können wir eine bestimmte Software verwenden, in der alle Verkäufe, Transaktionen und Einkäufe, die wir jeden Tag getätigt haben, beschrieben werden. Diese Softwaresysteme sind auch in der Lage, die allgemeine Aktivität in Form von Prozentsätzen oder direkten Zahlen darzustellen, die sich auf Erträge, Einnahmen, Ausgaben und eventuelle Verluste beziehen.

Wir können dieses Tool auch nutzen, um festzustellen, wie die Dinge individuell vorankommen, d. h. wir können für jeden einzelnen Mitarbeiter die geleistete Arbeit, die benötigte Zeit oder die erzielten Umsätze überwachen; wenn also etwas in unserem Unternehmen nicht funktioniert, geben wir nicht dem gesamten Team die Schuld, sondern können analysieren, wer seine Arbeit tatsächlich falsch macht.

Lead Magnet: Wie man Kunden anlockt

Ein Leadmagnet ist ein speziell für den Kunden konzipierter Inhalt. Er hat die Aufgabe, die Aufmerksamkeit der Verbraucher auf sich zu ziehen und sie vor allem zu überzeugen und zu ermutigen, ihre Kontaktinformationen zu hinterlassen, z. B. ihre E-Mail-Adresse, damit wir im Laufe der Zeit mit ihm interagieren können. Dieser Faktor ist wesentlich, wenn wir über Marketing sprechen, denn er ist die Grundlage für die "Eroberung" des Kunden, bevor wir etwas anderes tun. Es gibt verschiedene Strategien, die wir in einem Leadmagneten verwenden können, sie können einfach oder komplex sein und das Wichtigste ist Zeit und vor allem das Wissen, wie man wartet. Um ein Beispiel für einen Leadmagneten zu geben, schlagen wir folgende Situation vor: Ein Verbraucher sucht nach einem Kurs zur Verbesserung der Öffnungsrate und stößt auf eine Website, auf der er die entsprechende Datei herunterladen kann. Dazu muss er zunächst seine E-Mail-Adresse angeben. In diesem Fall ist der Leadmagnet die Dienstleistung im Austausch für die E-Mail, an die wir in Zukunft verschiedene Angebote oder Rabatte senden könnten. Es handelt sich also um einen Inhalt:

- Völlig kostenlos für diejenigen, die es brauchen
- Einfache Erreichbarkeit durch Austausch von Kontaktinformationen, z. B. E-Mail
- Kann von jedem jederzeit heruntergeladen werden

Das Hauptziel ist es, uns bei der Erstellung einer Liste mit allen Kontakten und potenziellen Kunden zu helfen, indem wir ein geeignetes Ziel auswählen. In Zukunft können wir dann E-Mails versenden, um zum Kauf der von uns angebotenen Ware oder Dienstleistung anzuregen. Es ist auch nützlich, um Ihr professionelles Image einem breiten Publikum von Menschen zu zeigen, die einen guten Eindruck von uns machen, was unseren Ruf positiv erhöht, und wir treten in das Bewusstsein derjenigen, die kaufen. Das bedeutet, dass Sie jedes Mal, wenn Sie an ein von uns angebotenes Produkt denken, an uns denken werden. Kunden kaufen in der Regel nur bei denjenigen, denen sie vertrauen und die sie kennen oder bei denen sie in der Vergangenheit bereits gekauft haben. Außerdem ist dieses System in der Lage, eine große Anzahl von Menschen anzusprechen, darunter auch Kaufinteressenten. Wir haben dann ein Ziel, das wir anvisieren und von dem aus wir uns auf die Verbraucher beschränken, die tatsächlich beabsichtigen, bei uns zu kaufen. Je mehr Menschen uns ihre E-Mail-Adresse geben, desto

mehr Möglichkeiten gibt es, mehr potenzielle Kunden zu finden und den Gewinn zu steigern.
Der Lead Magnet ist also der erste Schritt auf dem Weg zum Kauf. Er muss richtig strukturiert sein, um den Eindruck eines seriösen und professionellen Angebots zu vermitteln. Er muss Inhalte enthalten, die ein erstes Vertrauensverhältnis zwischen Ihnen und dem Kunden aufbauen können. Er muss den Übergang von "Ich suche jemanden, der mir hilft" zu "Ich habe die perfekte Person für mich gefunden" nur durch diesen ersten Schritt schaffen. Unser Hauptziel ist es, dass der Kunde, wenn er einen Kauf beabsichtigt, lieber bei uns kauft und die Konkurrenz als unbequeme und ineffiziente Alternative betrachtet. Wie bereits erwähnt, gibt es verschiedene Arten von kostenlosen Lead Magneten, die wir einrichten können, darunter:

• Wenn wir eine Dienstleistung oder eine kostenlose Testversion für einen bestimmten Zeitraum anbieten, der mit dem Kaufangebot abläuft
• Rabatte oder Angebote auf den endgültigen Kauf
Eine Videodatei, die die Dienstleistung oder das Produkt, das wir anbieten, auf einfache und direkte Weise beschreibt. Diese Art von Video muss kurz und ansprechend sein, mit einem schönen Design und muss uns als vertrauenswürdigen Verkäufer zeigen

Kurzum, wir können auf eine große Anzahl von Lösungen zählen. Natürlich werden wir die am besten geeignete und relevanteste Lösung auf der Grundlage der von uns angebotenen Dienstleistung auswählen.
Wir könnten eine Selbsteinschätzung vornehmen und denken ... Wenn ich an der Stelle des Kunden wäre, würde ich meine E-Mail im Austausch für diese Dienstleistung zur Verfügung stellen? Ist es das wirklich wert?

Schauen wir uns nun an, wie man einen Lead Magneten erstellt und welche grundlegenden Eigenschaften er haben muss, um effektiv zu sein und heruntergeladen zu werden, indem er hochwertige Inhalte präsentiert. Der erste Schritt, um zu verstehen, wie man einen qualitativ hochwertigen und nützlichen Lead Magneten erstellt, ist zu wissen, an wen wir uns wenden und welches Problem oder Bedürfnis wir mit unserem Produkt oder unserer Dienstleistung haben. Wenn wir zum Beispiel wissen, dass wir uns an einen Online-Produktverkäufer wenden, könnten wir eine Art Anleitung anbieten, wie wir den Umsatz und die Kundenzahl steigern können. Es ist praktisch das gleiche Konzept, das von Geschäften verwendet wird, um Kunden anzuziehen. Stellen Sie sich vor: Der Winter hat begonnen, ein

Bekleidungsgeschäft hat alle Wintersachen wie Jacken oder Sweatshirts zum Verkauf angeboten. Sicherlich wird die Zahl der Kunden nach diesem strategischen Verkauf steigen. Der einzige Unterschied zwischen einer Online-Aktivität und einem Bekleidungsgeschäft besteht darin, dass bei der Online-Aktivität die Angebote auf der Grundlage des Wissens des Kunden gemacht werden, während sie im Geschäft auf anderen Faktoren basieren. Wir wissen nicht, wer unsere Kunden sind, da wir uns an eine große Anzahl von Personen wenden, die bei uns kaufen können, und nicht an einzelne Zielpersonen. In unserem Fall ist es von grundlegender Bedeutung zu wissen, wie man dem Kunden helfen kann. Von allen Kundenbedürfnissen müssen wir versuchen, das dringendste zu befriedigen, damit der Kunde auch in Zukunft zu uns zurückkommt. Bevor wir eine Lösung für ein bestimmtes Kundenprodukt vorstellen, das wir gefunden haben, müssen wir uns darüber klar werden, wie wir das Problem lösen wollen. Erklären Sie Schritt für Schritt, wie das Problem zu lösen ist, und verwenden Sie eine nicht zu komplexe Terminologie. Seien Sie direkt und vermeiden Sie eine voreilige und unzureichende Antwort, nehmen Sie sich Zeit, denken Sie nach und informieren Sie sich, damit Sie eine Erfolgsbotschaft formulieren können, die den Kunden anzieht. Konzentrieren Sie sich auf ein Problem und lösen Sie es gut. Denken Sie daran, dass dies nur der erste

Schritt zum Kunden ist, also müssen Sie eine Probe Ihrer Fähigkeiten und Ihres Könnens geben! Der Kunde muss schnell verstehen, welche Fehler er gemacht hat oder welche Informationen er braucht. Wenn er nicht versteht, was Sie sagen, weil es eine zu lange Nachricht mit komplexer Terminologie und schlechtem Design ist, wird er uns sicher ignorieren und vergessen. Da der Lead Magnet kostenlos ist, müssen wir es vermeiden, zu viele Informationen hochzuladen und preiszugeben, die möglicherweise in der Zukunft für die Lösung eines Problems nützlich sein könnten.

Der Leadmagnet ist also nicht nur ein Instrument, um möglichst viele Kunden anzuziehen, sondern auch ein nicht zu unterschätzendes Mittel, denn er ist der erste Schritt, um das Vertrauen des Kunden zu gewinnen. Wir müssen uns ausdrücken und uns perfekt verständlich machen. Unser einziges Ziel ist es, unserem Kunden einen Kontakt zu vermitteln, damit er in Zukunft, wenn wir ein Angebot oder eine Werbekampagne schicken, weiß, dass er uns vertrauen kann und dass die von uns vorgeschlagene Werbung ein Qualitätsprodukt oder eine Qualitätsdienstleistung darstellt.

Neue Techniken

Lead Nurturing

Lead Nurturing ist eine Marketingstrategie, deren Hauptziel darin besteht, ein Gespräch mit dem Kunden zu führen. Diese Strategie dient nicht dazu, ein Produkt oder eine Dienstleistung wie in einer Werbekampagne zu bewerben, sondern eine direkte Vertrauens- und Wissensbeziehung zwischen dem Kunden und dem Verkäufer aufzubauen und zu verbessern. Dieses Vertrauen wird genutzt, um den Kunden dazu zu bringen, beim Verkäufer nicht nur wegen des Qualitätsprodukts oder der Dienstleistung zu kaufen, die er anbietet, sondern auch wegen der Beziehung, die zwischen den beiden Subjekten aufgebaut wird. Auf diese Weise wird der Kunde auch glauben, dass die Konkurrenz eine unangenehme und unbekannte Variante ist, vor der man sich hüten sollte. Wir müssen alles andere vergessen und den Kunden in den Mittelpunkt stellen, ihm zuhören und ihm so viel Vertrauen wie möglich vermitteln.

Wenn wir ein direktes Gespräch mit einem potenziellen Kunden beginnen, müssen wir kommunizieren, ohne aufdringlich zu sein. Wir müssen höflich sein und als derjenige angesehen werden, der alle Probleme, die uns vorgeschlagen werden, leicht und einfach in kurzer Zeit lösen kann. Wir müssen

Glaubwürdigkeit und Vertrauen vermitteln und den Eindruck eines echten Profis erwecken. Zunächst müssen wir dem Kunden zeigen, in welchen Bereichen wir kompetent sind und welche Kenntnisse wir haben, um ihm besser helfen zu können, z. B. Marketingberatung oder Online-Verkauf. Der Verbraucher versteht, dass ein Verkäufer dann vertrauenswürdig ist, wenn er nicht nur daran denkt, Geld zu verdienen und beworben zu werden, sondern auch an seine Kunden und das Vertrauen und die Wertschätzung zwischen beiden denkt.
Aber welche Instrumente eignen sich am besten für die Kommunikation mit einem potenziellen Kunden?

• Soziale Netzwerke - Soziale Medien können ein nützliches Instrument sein, um eine Werbekampagne zu fördern, aber auch um mit Kunden zu kommunizieren und nützliche Informationen bereitzustellen. Auf diese Weise können wir leichter ein Vertrauensverhältnis aufbauen
• Newsletter - In Newslettern wie in den sozialen Medien geht es nicht nur darum, für etwas zu werben, sondern wir können Newsletter nutzen, um direkt mit dem Kunden zu sprechen, indem wir zum Beispiel eine Willkommensnachricht schreiben und das Produkt beschreiben.

Durch das Lead Nurturing wird der Kunde uns mit anderen Augen sehen. Er wird uns als einen Profi sehen, der sich um seine Kunden kümmert. Dieses Instrument ist unerlässlich, um den Kunden auf dem Weg zum Kauf zu begleiten, denn wir können ihm in kurzer Zeit alle benötigten Informationen liefern oder etwaige Zweifel ausräumen. Natürlich richtet sich das Lead Nurturing nicht nur an neue Kunden, sondern auch an diejenigen, die bereits bei uns gekauft haben, um sicherzustellen, dass sie nicht verloren gehen und vergessen werden. Da diese Menschen unserer Marke bereits mindestens einmal vertraut haben, wäre es nicht sinnvoll, sie im Stich zu lassen, wenn wir sie erhalten können und mehr Chancen haben, dass sie in Zukunft bei uns kaufen werden.

Webinar: Nützliche Informationen an Ihren Fingerspitzen

Das Wort "Webinar" stammt aus der Verschmelzung der Begriffe Web und Seminar. Ein Webinar ist praktisch eine Unterrichtsstunde oder ein echter Online-Kurs, den Sie von jedem Gerät mit Internetzugang aus verfolgen können. Der Zugang zu einem Webinar erfolgt häufig über die Anmeldung zu einem bestimmten Online-Kurs, der kostenlos oder kostenpflichtig sein kann. Ein Webinar ist ein Live-Unterricht, bei dem Sie wie in einer Schule direkt mit dem Kunden diskutieren. Über einen speziellen Live-Chat kann sich der Kunde frei mit demjenigen unterhalten, der die Lektion unterstützt, und Fragen oder Erklärungen durch Tippen oder direkt durch seine Stimme stellen. Eine Präsentation oder Lektion dauert etwa 1 bis 2 Stunden. Um Zugang zu diesen Live-Unterrichtsstunden zu erhalten, muss man sich auf einer bestimmten Website oder in einem Forum anmelden, wenn es sich um ein kostenloses Webinar handelt. Natürlich gibt es viele Webinare, an denen man teilnehmen und viel Neues lernen kann, aber nicht alle sind gut strukturiert und leicht zu verstehen, und sicherlich sind bezahlte Lektionen besser strukturiert und erklärt als kostenlose. Aber wir müssen auch daran denken, wer das Webinar leitet. Denken Sie daran, dass Qualität immer über Quantität siegt, denn ein Konzept, das in einem Kurs vielleicht in 2 Stunden erklärt wird, kann leicht in 30 Minuten besser erklärt werden. Alles hängt davon ab, von wem wir uns entscheiden zu kaufen.

Vermeiden Sie es, unnötig zu bezahlen und Ihre Zeit für den Zugang zu zufälligen Webinaren zu verschwenden. Prüfen Sie vor dem Kauf, ob die Person, von der Sie den Kurs kaufen möchten, gute Bewertungen hat, wie viel sie weiß und ob sie auf dem Gebiet kompetent ist. Auf der Grundlage Ihrer Stärken und Schwächen können Sie Kurse wählen, die Ihnen helfen, sich in diesen Punkten zu verbessern, so dass Sie, auch wenn Sie ein wenig Geld ausgeben müssen, immer noch eine gute Lehre haben, aus der Sie die Fehler verstehen, die Sie in Zukunft vermeiden sollten.

Wenn Sie eine oder mehrere Lektionen online kaufen möchten, bieten wir Ihnen folgende Vorschläge an:

- Machen Sie sich Notizen. Sicherlich werden Sie sich nicht an alle wichtigen Dinge erinnern, die Ihnen berichtet wurden, daher ist es wichtig, dass Sie sich Notizen machen oder die wichtigsten Dinge aufschreiben
- Fordern Sie alle während der Live-Schaltung verwendeten Materialien an, da sie eine wichtige Quelle für Wissen und Strategien sind. Materialien wie Videos, Bilder, Illustrationen, Statistiken, etc.

Der perfekte Auslöser

Triggering bedeutet, dass nach Abschluss einer bestimmten Aktion sofort eine andere Aktion beginnt. Triggermarketing besteht in der Versendung einer bestimmten Nachricht in einem bestimmten Zeitraum des Jahres oder zu einer bestimmten Zeit, einem Ereignis usw. Diese Nachrichten kommen sofort an, aber nur zu dem vom Verkäufer festgelegten Zeitpunkt. Stellen Sie sich einen Abzug einer Pistole vor, der von selbst, also automatisch, ausgelöst wird, wenn ein Ziel in Sichtweite ist. Trigger-Marketing funktioniert genau so. In einem bestimmten Zeitraum wird die von uns voreingestellte Nachricht an bestimmte, von uns sorgfältig ausgewählte Personen gesendet. Diese Nachrichten müssen Werbeaktionen zu besonderen Anlässen enthalten, wie z. B.: Es ist Valentinstag. Wir haben uns 1 Monat vorher auf dieses Ereignis vorbereitet, wir haben bereits Gespräche geführt und eine Schachtel Pralinen vom Lieferanten gekauft, und das Einzige, was wir noch tun müssen, ist, alles wieder zu verkaufen. Also haben wir unser unübersehbares Angebot vorbereitet, die Pralinenschachtel, die normalerweise 5,00 € kostet, verkaufen wir für 2,50 €, ein echtes Schnäppchen! Der Autoresponder sendet die Werbebotschaft mit der Beschreibung des Produkts und des reduzierten Preises an unsere Zielgruppe. Der Kunde hat die Wahl, ob er kaufen möchte oder nicht. Das erklärt, warum uns ein bestimmtes Produkt immer dann per E-Mail angeboten wird, wenn es einen Feiertag gibt.

Die Bedeutung von Feedback

Bevor wir verstehen, was Feedback ist, warum es gebraucht wird und warum es nützlich ist, müssen wir uns darüber im Klaren sein, dass Feedback nicht dazu dient, eine Person, ein Produkt oder eine Dienstleistung negativ zu kritisieren oder schlimmer noch, zu beleidigen. Feedback sollte dazu dienen, die eigene Meinung zu einem bestimmten Produkt oder einer Dienstleistung auf konstruktive und angemessene Weise zu äußern. Natürlich werde ich nicht unter ein Produkt, das meinen Anforderungen nicht entspricht, schreiben "es ist scheiße", aber ich muss eine detaillierte und sachdienliche Beschreibung einfügen, um sowohl dem Verkäufer als auch zukünftigen Käufern zu erklären, warum wir uns entschieden haben, eine negative oder positive Bewertung zu hinterlassen. Wir müssen dann beschreiben, wie wir das betreffende Produkt oder die betreffende Dienstleistung verwendet haben, ob es unsere Bedürfnisse erfüllt hat, ob es qualitativ hochwertig ist und ob es einfach und praktisch zu verwenden ist, und vieles mehr. Feedback oder Bewertungen sind also alle Informationen, die wir von denjenigen erhalten, die unser Produkt oder unsere Dienstleistung genutzt haben und die uns positiv oder negativ beeinflussen. Die Rückmeldungen sind nicht immer die besten, denn die Wahrscheinlichkeit, eine negative Bewertung zu erhalten, ist größer als die einer positiven, da derjenige, der bewerten muss, dies aufrichtig tun muss, indem er alle Punkte auflistet, die gegen unser Angebot sprechen, und alle Punkte, die er als Schwächen ansieht. Das Feedback dient dazu, uns eine Vorstellung davon zu geben, wie wir uns auf dem Markt positionieren, eine Selbsteinschätzung vorzunehmen und zu verstehen, was unsere Stärken und Schwächen sind. Wir können dies nutzen, um zu verstehen, wo wir uns verbessern können, um den Umsatz und die Qualität unseres Angebots zu steigern. Auch das Feedback von Menschen außerhalb unseres Unternehmens hilft uns, uns zu verbessern, weil wir andere Sichtweisen und Kenntnisse haben. Am besten wäre es, so viel Feedback wie möglich von mehreren Personen einzuholen, um eine umfassende Sichtweise auf das Produkt zu erhalten und uns auf weitere Faktoren zu konzentrieren, an denen wir arbeiten sollten. Wenn Sie einem Verkäufer eine Rückmeldung geben müssen, äußern Sie niemals eine Kritik, die Sie nicht erhalten möchten. Seien Sie nicht pauschal, sondern erklären Sie, warum Sie sich entschieden haben, z. B. ⅗ Sterne zu geben. Schreiben Sie nie nur 2 Worte, sondern formulieren Sie einen sachdienlichen und angemessenen Text, der den Grund für Ihre Wahl am besten erklärt. Wenn wir zum Beispiel eine Wollmütze bewerten müssen und uns für eine Bewertung von ⅘ Sternen entschieden haben, schreiben wir in die Bewertung einfach "Gut". Das ist nicht gerade das Beste. Es ist ein Unterschied, ob man ein einfaches "Gut" schreibt oder ob man zum Beispiel schreibt: "Ausgezeichnetes Material, hält warm, genau wie in der Beschreibung, das einzige Problem, weswegn ich beschlossen habe, nicht 5 komplette Sterne zu geben, ist, dass der Druck an einer Stelle etwas ruiniert aussieht." Das Feedback ist nicht nur für uns wichtig, um zu verstehen, wie unser Produkt auf dem Markt abschneidet, sondern auch für andere Kunden, die unschlüssig sind, ob sie bei uns kaufen sollen oder nicht. Bewertungen sind sehr wichtig.

Haftungsausschluss

Alle eingetragenen Warenzeichen und Logos, die in diesem Buch erwähnt werden, gehören ihren jeweiligen Eigentümern.

Der Autor dieses Buches erhebt keinen Anspruch auf diese Marken und erklärt auch nicht, dass er Rechte an ihnen hat.

www.ingramcontent.com/pod-product-compliance
Lightning Source LLC
LaVergne TN
LVHW012126070526
838202LV00056B/5887